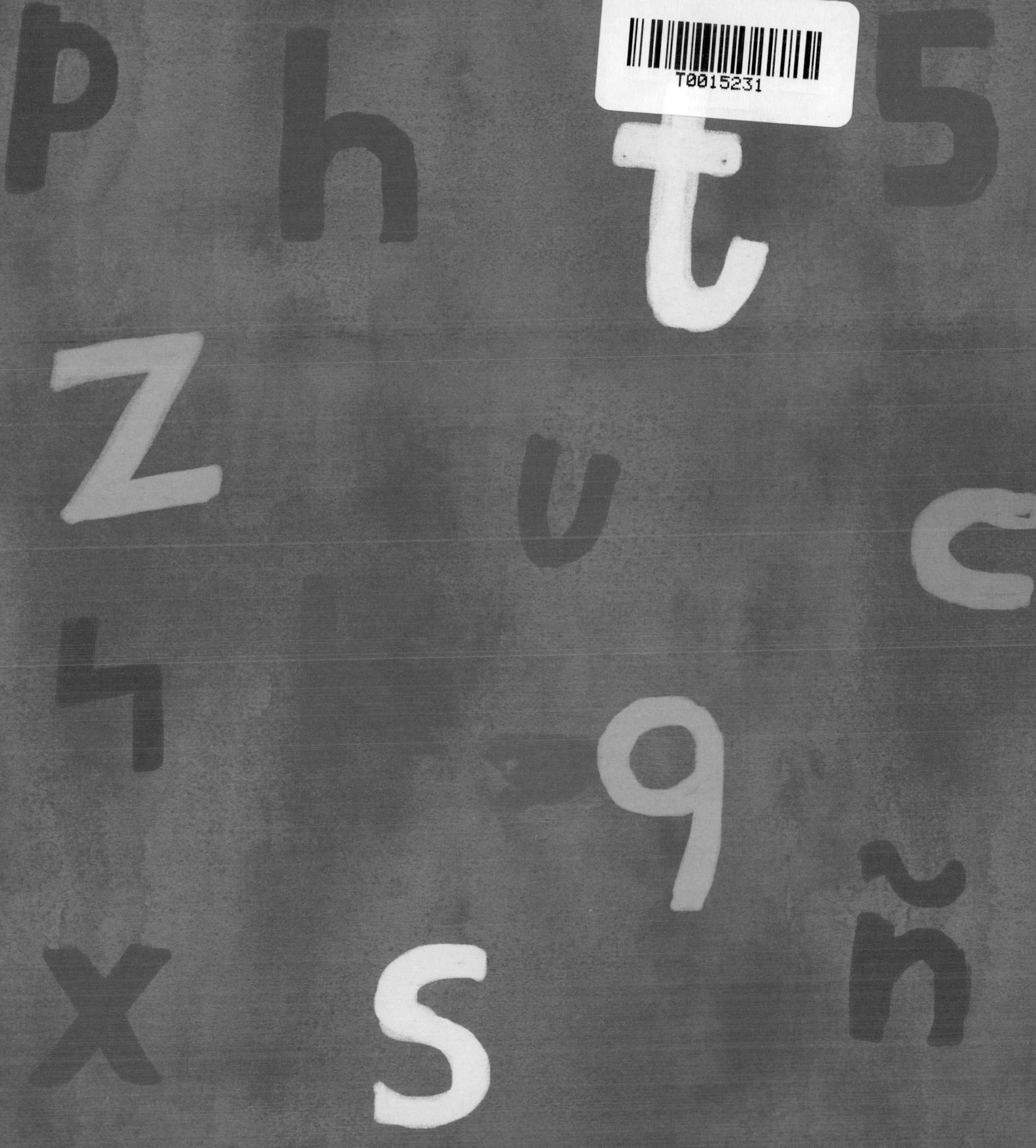
p h t 5
z u c
4 9 ñ
x s

Con la colección **Unicornio**, desde Vegueta queremos realizar nuestra particular aportación al proyecto universal más apasionante que existe, el de la educación infantil y juvenil. Como una varita mágica, la educación tiene el poder de iluminar sombras y hacer prevalecer la razón, los principios y la solidaridad, impulsando la prosperidad.

Un mundo mejor, nuestra serie de **historias inspiradoras para aprender a cambiar y mejorar el mundo**, pretende aproximar a los niños a toda una serie de héroes cotidianos, a menudo casi anónimos. Son protagonistas que tuvieron una idea genial para mejorar el mundo –las relaciones entre personas, o las condiciones de vida de la gente– y han demostrado además el talento y la capacidad para poner esas ideas en práctica de manera productiva. Algunos de los títulos de esta serie han sido concebidos en colaboración con la **Fundación Ashoka**, una de las principales asociaciones internacionales sin ánimo de lucro, que lleva casi cuarenta años apoyando el emprendimiento social y descubriendo a sus principales protagonistas, los llamados *changemakers* (impulsores del cambio).

Textos
Eulàlia Canal
Ilustraciones
Iratxe López de Munáin
Diseño
Sònia Estévez
Maquetación
Sònia Estévez / Laura Swing

© **Vegueta Ediciones**
Roger de Llúria, 82, principal 1ª
08009 Barcelona
General Bravo, 26
35001 Las Palmas de Gran Canaria
veguetaediciones.com

ISBN: 978-84-17137-22-9
Depósito Legal: B 7076-2018

Impreso y encuadernado en España

EULÀLIA
CANAL

IRATXE
LÓPEZ
DE MUNÁIN

LUZ ILUMINA LA DISLEXIA

Esta es la historia de alguien que, con su determinación y esfuerzo, ha conseguido algo tan valioso como mejorar la vida de los demás y poner su grano de arena para construir un mundo mejor.

Vegueta Unicornio

**Luz tenía un sueño.
Un sueño que se repetía
noche tras noche...**

Luz tenía un sueño. Un sueño que se repetía noche tras noche. Sus manos sostenían un sobre blanco con un sello azul. Era el sobre de las notas del colegio. Sus dedos temblaban. Todos sus miedos latían condensados allí dentro.

Entonces abría el sobre y contemplaba atónita sus notas. Sobresalientes. uno tras otro, en cada una de las asignaturas. Todas, sobresalientes. «¡Lo he conseguido, lo he conseguido!», gritaba. Y quería echar a correr para decírselo a sus padres, pero no podía correr. Sus piernas no le respondían.

De golpe despertaba. Estaba en su cuarto, en medio de la noche, y todo estaba oscuro. Lo peor era aterrizar en el mundo real y ver que simplemente había tenido un sueño bonito, pero que ella seguía siendo un fracaso.

Luz llegó al mundo en Madrid, un día soleado de otoño. Sus padres dudaban sobre qué nombre le iban a poner, que si Irene, que sonaba bonito, o Úrsula, como la bisabuela, o tal vez Luz... y justo entonces se produjo un gran apagón. Sus padres, a oscuras en aquella habitación del hospital, vieron muy claro cómo se iba a llamar: Luz.

En aquel momento, nadie podía imaginarse que aquella niña iluminaría a tantos niños que padecen en silencio dificultades para aprender a leer y escribir.

Luz tenía cinco años cuando se dio cuenta de que tenía un problema. En clase aprendían a leer las primeras palabras. Estaban sentados en círculo. La maestra les mostraba una cartulina con un dibujo y, debajo, una palabra que debían leer, asociada a la imagen.

Ella veía las letras perfectamente perfiladas. Con sus curvas y sus rectas como un conjunto de trazos geométricos bien alineados, pero aquellas letras, que los demás traducían en sonidos, para ella eran mudas, no le decían nada.

La palabra tonta empezaba a revolotear en su cabeza como un moscardón. Aquel día, al instante, ideó un plan. Debía hacerlo rápido, no disponía de mucho tiempo. Contó las cartulinas que había, y contó cuántos niños faltaban para que llegara su turno y memorizó la palabra que dedujo que le iba a tocar.

Así, cuando la maestra le preguntó, ella dijo: «pata».

Y sí, aquello funcionó.

Luz no quería ser diferente, quería ser como sus compañeros.

Decidió no contarle a nadie su problema. Nadie podía saberlo, y nadie se enteraría.

Algún tiempo antes, cuando empezó a ir a la guardería, Luz muchas veces se quedaba cerca del radiador observando el caos de juegos, berrinches, pañales sucios, gritos, papillas, mocos y tropezones que revolucionaba el aula. Acostumbrada a su casa, donde todo estaba en su sitio, aquel mundo le resultaba hostil. Ya entonces ansiaba ser mayor para poder poner un poco de orden.

Más adelante, mientras sus compañeros de clase ya leían, ella ideaba estrategias para salir adelante y que nadie supiera que era... ¿Qué era? No lo sabía, pero se sentía apartada de los demás.

Si la clase era un grupo, ella se sentía fuera, en otro lugar.

En casa se aprendía de memoria sus primeros cuentos para que sus padres estuvieran orgullosos de lo bien que leía. Se pasaba horas y horas estudiando las letras.

Observar y fijarse en los detalles se le daba bien. Observando aprendía muchas cosas de sus compañeros y de cómo funcionaba el mundo.

Uno de sus juegos preferidos, con el que se pasaba horas y horas, eran las construcciones de Lego. Extendía todas las piezas y las clasificaba por tamaños y colores. Luego hacía una valoración de lo que tenía y decidía qué figura geométrica podía construir con las piezas. Pasaba horas concentrada en sus construcciones y se sentía orgullosa cuando terminaba una.

Un día, en un libro de clase, Luz vio una foto de la científica Marie Curie. Marie Curie en su laboratorio sosteniendo una probeta. Aquella imagen la fascinó. Sentía un deseo que emergía de lo más hondo de su corazón.

Deseaba ser investigadora, científica, como Marie Curie. Se puso roja de vergüenza. Ella nunca lo conseguiría.

Y, sin más, enterró aquel deseo para olvidarlo.

Aún no sabía que volvería a emerger con más fuerza, que ese deseo que ella quería ignorar seguía trabajando sin hacer ruido, que no se rendía.

Los veranos los pasaba en Irlanda. Sus padres, con mucho esfuerzo, se quedaban sin vacaciones para que Luz tuviese la oportunidad de aprender inglés.

Al principio llamaba todos los días a sus padres pidiendo que la fueran a recoger. Los echaba mucho de menos y lloraba por las noches. Consultaba a cada rato su reloj para calcular cuántos días, horas y segundos le faltaban para poder volver. Era muy buena calculando.

Por otra parte, el mundo se abría. Por primera vez sentía que podía empezar de cero. Era genial poder sacarse la etiqueta de niña a la que le costaba aprender y que necesitaba ayuda. Allí se sentía libre.

Descubrió que las cosas podían hacerse de otra manera y que el mundo escondía múltiples posibilidades.

Al volver de Irlanda, Luz quiso cambiar de escuela.

Hasta entonces había ido a una escuela muy competitiva. Premiaban a los buenos alumnos y discriminaban a los que tenían dificultades. A ella no la invitaban a las fiestas de cumpleaños y en el patio se ponía a jugar al fútbol con los niños, porque las niñas no la aceptaban.

Una vez que el profesor puso una operación de cálculo mental muy difícil de resolver, Luz respondió al instante y la echaron de clase porque creyeron que había hecho trampa.

A los 11 años le dijeron que tenía dislexia.

Fue un alivio poder ponerle nombre a lo que le pasaba y comprender que tenía dificultades en el aprendizaje de la lectura y la escritura, pero que ese inconveniente no afectaba a su inteligencia.

Simplemente necesitaba más tiempo para convertir las letras en sonidos.

Luz siguió trabajando para mejorar, y empezaron a llegar los buenos resultados.

Un día le entregaron de nuevo un sobre azul con sus notas. Lo abrió y no podía creerlo. Allí estaban. Todo sobresalientes, uno tras otro, como en su sueño. Entonces Luz salió de la clase y rompió a llorar. Pensó que le estaban gastando una broma, que era mentira, que se habían equivocado. La maestra le tuvo que asegurar que no, que las notas eran suyas de verdad.

Ahora sí, lo había conseguido. Todo su tesón, su perseverancia, su esfuerzo... habían dado resultado. Al fin se veía recompensada.

Sus compañeros de clase, lejos de aceptarla, pasaron a llamarla empollona. Pero eso ya no le importaba. Ahora sabía lo que quería.

Tener pequeños retos, objetivos diarios para conseguir cada una de las cosas que iba proponiéndose, fue siempre su método de trabajo.

No se trataba de competir con los demás sino de superarse a sí misma, de dar lo máximo cada día.

Para superar las dificultades de la dislexia hizo tantos ejercicios que acabó enamorándose del lenguaje.

Le apasionaba averiguar cómo funcionaba el lenguaje, cómo se construía, cómo suenan las palabras y cómo se escriben...

Por eso decidió estudiar Lingüística.

Muchos le decían que aquellos estudios no servían para nada. Pero, como tantas otras veces, ella lo tuvo claro. Le pasaba a menudo cuando tomaba decisiones. No necesitaba razonar, mandaban el instinto y el corazón y no albergaba dudas. Había encontrado su camino.

En contra de las recomendaciones que le dieron, Luz se metió de lleno a estudiar las lenguas. ¿Cómo funcionan? ¿Qué hace que una lengua sea humana o no? Había asignaturas muy complejas y algunas de ellas la fascinaban, como la tipología lingüística, que compara las lenguas, o la lingüística computacional, que crea aplicaciones informáticas que imitan la capacidad humana de hablar y escribir.

Luz, incansable, se volcó en sus estudios. Un día recibió en casa una carta que le anunciaba que tenía el mejor expediente académico de España. No se lo podía creer, tenía que ser un error.

Luz aún no era consciente de lo lejos que podía llegar con su trabajo. Entonces interpretaba cada pequeño éxito como un error. No se atribuía ningún mérito.

No se le pasaba por la cabeza que tal vez estuviera haciendo muy bien las cosas, que tal vez estaba ganando premios por su dedicación y su ingenio.

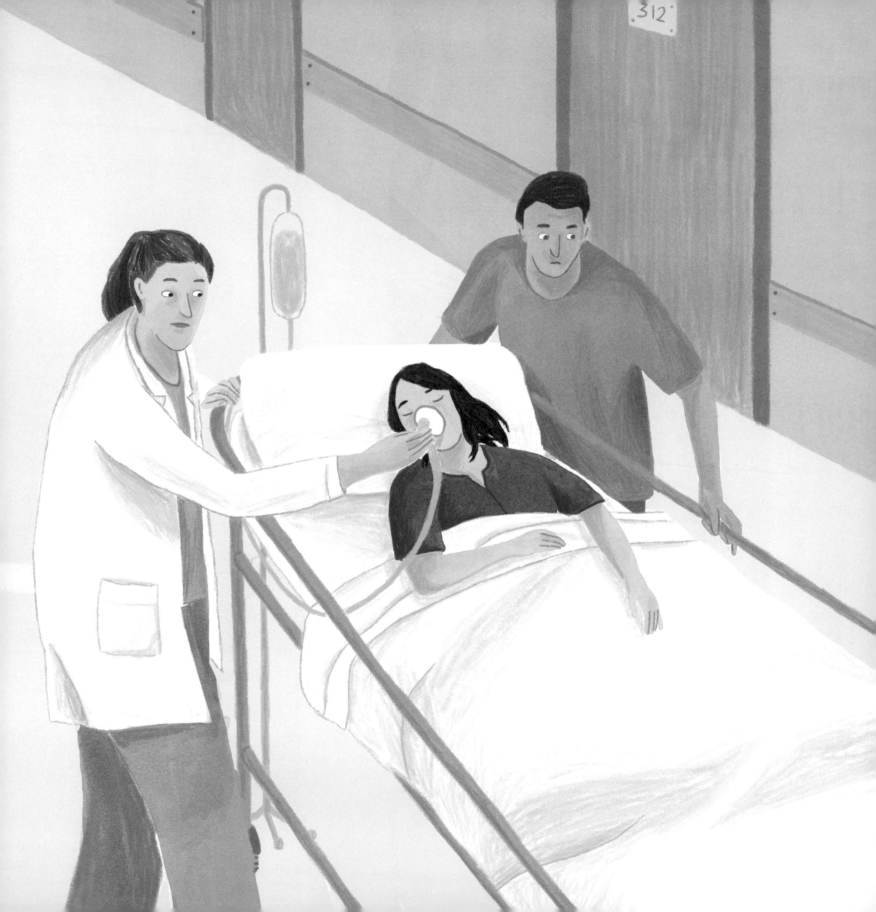

Luz perseguía un deseo: llegar a ser investigadora.

Entonces sucedió algo repentino que le marcó un cambio de rumbo. Cuando estaba estudiando en el Reino Unido, se puso muy enferma. La ingresaron medio inconsciente en el hospital.

Luz recorría los pasillos tumbada en una camilla a toda velocidad. Su mirada seguía las líneas de colores del techo. Primero eran tres: la verde, la azul y la roja. Luego dos: la azul y la roja. Al final solo quedaba la roja: ¡alarma!

Oía las voces de los médicos como en una bruma. Cerebro rojo, derrame cerebral… Le hicieron firmar un papel en el que autorizaba el traslado de su cadáver a España. Pensó que eran sus últimas horas en este mundo y que iba a morir.

Luz se sentía en paz. Solo lamentaba no haber pasado más tiempo en compañía de su familia, con su madre en el sofá viendo películas… con cada uno de los suyos. Quería haber podido hacer una llamada a sus padres y decirles: «Muchas gracias. He tenido una vida muy feliz. Os quiero.»

Pero ese momento no llegó. A los dos días le diagnosticaron una gripe aviaria acompañada de una grave deshidratación y le dieron el alta. Entonces entró en pánico. Allí no tenía a nadie que pudiera cuidarla. Una enfermera llamó a un taxi. La nieve se pegaba a los cristales de aquel coche. Era invierno y el frío helaba los corazones.

En la residencia su amigo Sai la ayudó a volver a casa. Era un chico enorme de estatura y de corazón, que estudiaba Medicina. Sai le salvó la vida.

Poco a poco se dio cuenta de que algunas cosas dentro de ella habían dado un vuelco.

Cada mañana se levantaba con una sonrisa y una energía espectacular, dispuesta a sacar lo mejor de cada uno de los días.

No iba a desperdiciar un solo momento, ahora sabía que cualquiera de ellos podía ser el último.

Una de las primeras cosas que hizo cuando se encontró bien fue agradecerle a su amigo Sai su ayuda regalándole un estupendo par de zapatos. Eran justo los zapatos que él ansiaba en sueños. Ahora a Luz ya no le preocupaba el dinero, le bastaba con tener lo justo para seguir viviendo.

Y la última consecuencia de aquella experiencia, más trascendente y profunda, fue la que hizo que su camino tomara otros rumbos.

Comenzó a valorar, por encima de todo, a las personas. Si antes quería ser investigadora para tener prestigio, ahora quería hacer algo para ayudar a la gente, con un sentido social.

Luz hasta entonces no había querido volver a saber nada de su dislexia. No le contaba a nadie que era disléxica, ni hablaba del trabajo adicional que había tenido que llevar a cabo para esconder sus dificultades.

Un día Ricardo, su profesor en la universidad, le señaló errores que se repetían en sus redacciones. Ella le contestó que no pasaba nada, que eso ya lo corregiría. Él insistió, no entendía que aquellos errores absurdos se repitieran. Luz había intentado ocultárselo pero le terminó confesando que era disléxica.

A Ricardo le pareció increíble que, teniendo dislexia, le acabaran de dar a Luz el Premio Nacional de Lingüística. Se admiró de que estuviera teniendo éxito justo en aquello en lo que más dificultades tenían los disléxicos.

—¿Y por qué no investigas este problema, tú que lo conoces tan bien? —le preguntó un día Ricardo.

La pregunta la sacudió. Tenía razón. Luz sintió que sus esquemas se estaban desencajando, y todo se removía. Poco después se presentó a un examen de inglés. Necesitaba sacar una nota excelente para poder acceder a una de las universidades más prestigiosas. El examen estaba a punto de empezar cuando le vino una idea muy clara a la cabeza:

—¿A ver, tú por qué quieres hacer esto? —se dijo— ¿Por qué?

Y, decidida, se levantó para irse. Uno de los examinadores le insistió para que se quedara, que no hiciera caso a los nervios, que respirara hondo, que eso les pasaba a muchos, y ella le dijo:

—No estoy nerviosa. De hecho, nunca me he sentido tan bien. Quiero irme.

Acababa de darse cuenta que acceder a aquella universidad era, en realidad, un deseo de su padre.

Entonces invitó a sus amigos a comer una paella y les contó su decisión:

Había decidido investigar sobre la dislexia.

Quería saber qué pasaba realmente, cómo leen los niños disléxicos, dónde está la diferencia entre un cerebro normal y uno disléxico.

Sacó la investigación a la calle. Pegó carteles en las farolas buscando a personas con dislexia dispuestas a colaborar.

La máxima preocupación de Luz era que los resultados llegasen a la gente y dotar a los niños de herramientas para mejorar de verdad.

Y entonces se cumplió su sueño. Luz recibió el premio a la mejor investigadora joven europea. Por primera vez se dio cuenta de que lo había conseguido: ya era investigadora. La imagen de Marie Curie y su sueño imposible. Lo tenía en sus manos, iba a echar a volar.

Luz prosiguió su investigación y consiguió crear un *test*, llamado DytectivesU, que permite detectar el riesgo de dislexia en tan solo quince minutos y sin coste económico alguno. Esta ha sido, sin duda y hasta ahora, su contribución más importante y revolucionaria.

También fundó la organización Change Dislexia («Cambiemos la Dislexia»), para darla a conocer y proporcionar herramientas que lleguen a todos. Su lema es:

Los sueños no se leen, se hacen realidad.

Lo dice alguien como Luz, que ha cumplido su sueño con creces. Su papel ha sido esencial para que se sepa en qué consiste la dislexia, así como para dotar a quienes la tienen, estén donde estén, de herramientas para mejorar su comprensión lectora. Como ella misma ha demostrado:

Los disléxicos son cerebros mágicos que funcionan de otra manera.

EL MUNDO ESTÁ CAMBIANDO... Y TÚ PUEDES CAMBIAR EL MUNDO

La historia que acabas de leer es la de una persona como tú. Alguien que, desde muy joven, se dio cuenta de que había cosas a su alrededor que eran injustas, que no funcionaban bien, que no le gustaban. Pero sobre todo se dio cuenta de que las personas tenían el poder de cambiarlas. Así que pensó en una solución, buscó compañeros de equipo para llevarla a cabo... y empezó. Y con esa resolución cambió no solo su propia vida, sino la de muchos otros que se encontraban con las mismas dificultades.

Da igual la edad que tengas o tu lugar de procedencia. El primer paso y el más importante es detectar lo que no funciona. Después solo hay que tener imaginación y ganas suficientes para encontrar las soluciones y poner en marcha cambios que ayuden a mejorar la vida de los demás.

Ojalá el cuento que acabas de leer te ayude a dar el siguiente paso. Si encuentras problemas o situaciones en tu entorno que podrían mejorarse, déjate inspirar por Luz Rello y ponte manos a la obra.

Ya verás lo fantástico que es descubrir que se puede ayudar a construir **un mundo mejor**. Una vez lo pruebas, no hay marcha atrás. Es como cuando aprendes a montar en bici. Una sensación de libertad y felicidad, algo que ya nunca se olvida. **¿Te animas?**

6 1 3

W

Q i A e

g 2

d

7 8 B